DU DROIT DU GOUVERNEMENT SUR L'ÉDUCATION.

par F. de Lamennais

PARIS,
TOURNACHON-MOLIN ET H. SEGUIN,
LIBRAIRES, RUE DE SAVOIE, N.o 6.

1817.

DU DROIT DU GOUVERNEMENT
SUR L'ÉDUCATION.

Lorsque les peuples ont perdu le sens, en perdant leurs traditions; lorsque, dans leur orgueil stupide, ils ne tiennent plus aucun compte de l'expérience, de l'autorité des ancêtres, et que, rompant avec le passé, ils s'en vont cherchant au hasard leurs croyances, leurs lois, leurs institutions, hors de tout ce qui fut, la société devient un problême chaque jour plus obscur.

Chez de tels peuples, on parlera beaucoup de raison, parce qu'il y aura beaucoup de folie; on parlera beaucoup de stabilité, de perfectionnement, parce qu'il n'existera rien de stable, et qu'on sentira vivement le vice de ce qui est. Du reste, jamais la raison n'aura eu moins d'empire réel. La conviction même sera sans pouvoir. Tout se décidera par les intérêts et les passions du moment.

Outre les principes variables, il y aura quelques principes fixes : ce seront ceux qui servent à entretenir, sous une apparence de régularité, un certain désordre élémentaire, si favorable aux calculs personnels. On pourra permettre d'attaquer tout, hors ces principes. Si l'on ose seulement les effleurer, la foule innombrable de ceux qui désirent se levera soudain pour les défendre, comme la grande charte de toutes les espérances ambitieuses.

On ne sauroit douter qu'un pareil état ne dût produire à la longue, d'abord le découragement, puis une foiblesse d'âme épidémique, et enfin une indifférence générale sur ce qui est bon, juste, vrai. Toutefois il faudroit encore sauver l'ordre et la vérité d'un complet abandon et de l'ignominie du silence; il faudroit, au moins de temps à autre, réclamer en leur faveur, ne fût-ce que pour empêcher qu'on en oubliât jusqu'au nom : ce ne sera, si vous voulez, que des mots, pourroit-on dire alors aux contemporains; mais ces mots, peut-être convient-il de les conserver dans la langue.

Je ne décide pas à quel point ces réflexions nous sont applicables. Chacun en jugera selon ses lumières, et d'après ses observations. Quoi qu'il en soit, j'ai cru devoir appeler d'abord l'attention du lecteur sur les premières pensées qui se sont offertes à moi, quand je me suis résolu à traiter du droit du Gouvernement sur l'Education.

Cette question, d'un ordre à part, ne dépend en aucune manière de celles qu'on peut former sur la nécessité ou les inconvéniens de l'Education publique. Il ne s'agit pas de savoir s'il est à propos qu'il y ait une Education publique, mais s'il est désirable, s'il est juste qu'elle soit exclusive.

En maxime générale, il faut une Education publique; cela n'est pas douteux. Dans l'application, cette maxime se modifie d'après la nature de l'Education donnée, d'après les systêmes suivis, les résultats obtenus, et, sous ce rapport, tout se réduit à une question de fait. Si l'Education publique est bonne, si elle prépare à l'Etat des citoyens intègres, nourris dans la pratique et l'amour des devoirs, des sujets religieusement soumis, des pères de famille vertueux, il faut une Education publique. Si elle ne fait rien de cela, et ne peut le faire dans le systême adopté, il ne faut pas d'Education publique, ou il faut changer de systême : à moins qu'on ne dise que les mauvaises doctrines et les mauvaises mœurs sont utiles à l'Etat, utiles à ses membres; et dans ce cas encore, il faudroit examiner si l'on ne pourroit pas se procurer ces avantages à moins de frais. Mais cette question, je le répète, est indépendante de celle que je vais discuter.

Commençons par jeter un coup-d'œil sur les faits. Jamais, si l'on excepte quelques petites républiques grecques, fameuses par leurs institutions immorales, jamais, chez aucun peuple, le Gouvernement ne s'arrogea le privilège exclusif de l'Education. Cette prétention cependant auroit trouvé, sous le paganisme, moins d'obstacles dans les mœurs et dans la Religion : elle auroit eu aussi moins de danger. Toutefois, ni les Romains, ni les nations qu'ils conquirent, ni celles dont ils devinrent à leur tour la conquête, n'imaginèrent rien de semblable. L'enseignement, qui n'est au fond que la communication des pensées, resta toujours aussi libre que la pensée même.

Après l'établissement du Christianisme, l'Education passa naturellement entre les mains de la Religion, parce que la Religion, dont l'objet est de protéger tous les genres de foiblesse, dut venir au secours de la foiblesse de l'esprit, qui est l'ignorance, et de la foiblesse du cœur, qui est les passions. L'Education dès-lors prit un caractère plus moral, plus noble, plus touchant. Mais il faut voir comment on la concevoit, et suivant quels principes elle fut dirigée.

On semble aujourd'hui regarder l'instruction purement littéraire comme un bien absolu : idée fausse, et qui vient de ce qu'on place le bonheur, non dans la conformité à l'ordre, mais dans les jouissances de l'orgueil. L'instruction est un bien ou un mal, selon l'usage qu'on en fait, les fruits qu'on en tire; ou plutôt, elle n'est qu'un moyen pour arriver à une fin, laquelle est la connoissance et la pratique des devoirs. C'est là que doit tendre tout enseignement véritablement social : celui qui n'a pas ce but principal n'est qu'un amusement dangereux ; presque toujours son unique effet est d'exalter l'amour-propre, et de fournir des armes aux passions.

La Religion chrétienne, dès son origine, envisagea l'instruction sous un point de vue qu'on gagneroit beaucoup à se rappeler maintenant davantage. Si elle enseigna aux enfans les élémens des lettres, ce fut pour faire servir cette première instruction d'instrument à une instruction plus utile et plus relevée. Elle cultiva l'esprit pour qu'il connût mieux la loi sublime qui devoit régler tout ensemble et l'esprit, et le cœur, et les sens.

Cela eut deux effets admirables. Premièrement, l'importance d'une pareille instruction fit qu'on en mit beaucoup à la répandre. Pendant plus de douze siècles, il n'exista pas en Europe une seule école, qu'on ne dût au zèle du Clergé. Les Papes, les conciles, les évêques, perpétuellement occupés d'en augmenter le nombre, plaçoient ce soin au rang de leurs premiers devoirs. On peut lire dans les Canons les pressantes exhortations, les injonctions sévères qui attestent la sollicitude des pasteurs sur ce point. La conservation des lettres est manifestement un de leurs bienfaits.

Secondement, l'objet de l'Eglise n'étant point de flatter l'orgueil, mais de perfectionner l'homme moral, l'enseignement se rangea de lui-même parmi les œuvres de miséricorde, les institutions charitables qu'enfante l'esprit religieux. Dès-lors il s'étendoit à tous les états, à tous les membres de la société, sans distinction; et la Religion ouvrant avec plus de tendresse encore ses yeux de mère sur le pauvre, l'Education devint essentiellement gratuite.

Mais on profitoit sans contrainte de cet avantage offert à tous. Les lois n'établirent point de système prohibitif. Ni Charlemagne, qui contribua si puissamment à la restauration des études, ni ses successeurs ne songèrent à s'attribuer le privilège exclusif de l'enseignement En Allemagne, en Angleterre, en Turquie, dans toute l'Europe, dans le monde entier, aucun Gouvernement n'éleva jamais cette monstrueuse prétention.

Le principe qui en est le fondement, fut, pour ainsi dire, semé au milieu des ruines de l'ordre social en France, à l'épouvantable époque de 1793, et l'on peut en considérer Danton comme l'inventeur. « Il est temps, disoit-il à cette même » tribune où furent proclamés tant de décrets de » mort, il est temps de rétablir ce grand principe » qu'on semble méconnoître, que les enfans appar» tiennent à la République avant d'appartenir à » leurs parens ».

Roberspierre goûta cette idée, c'étoit naturel; mais ni lui, ni la Convention, ni le Directoire, ni les Conseils, n'osèrent la réaliser, malgré le désir qu'ils en manifestèrent plusieurs fois. On étoit encore trop près du passé, trop près de l'ordre.

Buonaparte le tenta plus tard, et avec succès; mais c'étoit Buonaparte, c'est-à-dire, l'homme qui a le plus méprisé les hommes, et qui s'est joué avec le plus d'audace de la société, et des maximes qui en assurent l'existence. On s'indigna, on murmura, et puis l'on se tut. Après avoir senti leur servitude, les âmes s'y accoûtumèrent. On donna ses enfans au tyran, comme les Carthaginois donnoient les leurs à Saturne.

Il est inoui à quel point Buonaparte nous a familiarisés avec le désordre, à quel point il a corrompu la raison, la conscience publique. C'est la plus grande calamité de son règne, et le plus grand crime de cet homme si étrangement supérieur dans le crime. Il a appris au peuple à regarder le mal sans frayeur et sans étonnement.

Or, je ne sais s'il existe un mal plus grave, et qui renferme en soi un plus grand nombre d'autres maux, que l'abus qui rend le Gouvernement maître absolu de l'Education. J'ai prouvé que c'étoit une prétention nouvelle, je prouverai que c'est en outre une prétention absurde, et si dangereuse qu'on ne sauroit s'en effrayer assez.

L'Education de l'enfant, de droit naturel, appartient au père, parce que l'enfant, durant le premier âge, n'appartient qu'à la famille. Le père doit pourvoir à l'Education de son fils, comme il doit pourvoir à ses autres besoins, selon le genre de vie auquel sa naissance le destine, selon la condition, les vues, l'intérêt de la famille. Ce devoir du père, devoir sacré, imprescriptible, est le fondement de la puissance paternelle, qui a précédé toute autre puissance, hors celle de Dieu, d'où elle dérive. Les législations humaines peuvent la violer ; car l'homme, être libre, a le triste pouvoir de troubler l'ordre; mais elles n'en sauroient anéantir l'essence; elles ne sauroient affranchir le père d'un devoir que la nature lui impose, elles ne sauroient légitimement renverser la base de toute société.

Or, si c'est un devoir du père de pourvoir à l'Education de son fils, de la manière qu'il juge la plus avantageuse et à ce fils et à la famille, il a droit à tous les moyens d'Education qu'offre la société dont il est membre, et nul n'est autorisé à lui en interdire aucun, ou à le contraindre sur le choix : autrement on opprime le père, on opprime l'enfant, on opprime la famille, et en laissant les corps libres, on établit une servitude plus avilissante et plus funeste, une servitude morale, qui s'étend des sciences jusqu'à la Religion et aux mœurs même.

En effet, l'Education embrasse tous ces objets. Elle doit déterminer les croyances, régler les mœurs, et former l'esprit.

Il importe assez peu au bonheur de l'homme, et moins encore au bonheur de la société, que son intelligence se développe au-delà de certaines bornes;

et la nature, plus sage que nos desirs, et même que nos institutions, ne permet, quoi qu'on fasse, qu'à très-peu d'hommes de dépasser ces étroites limites. Ceux-ci savent bien se procurer, sans que l'État s'en mêle, les secours dont ils ont besoin ; et leur nombre est toujours comparativement si foible, que l'État ne peut même, et ne doit jamais s'occuper d'eux. Cela est si vrai, qu'en toute école, les écoles spéciales exceptées, l'enseignement se borne à ce que tout homme, à moins d'être entièrement stupide, est capable d'apprendre, c'est-à-dire, à presque rien. Les premiers élémens des connoissances composent toute l'instruction publique, parce que la plupart des hommes n'ont reçu, pour ainsi parler, que les élémens de l'intelligence. Si tous étoient doués d'une égale pénétration et d'une égale activité d'esprit, la société ne subsisteroit pas un siècle, et la science tueroit le genre humain.

C'est donc une bien niaise raison à donner en faveur de l'Education exclusive, que la supériorité de l'enseignement. De plus, on se trompe beaucoup si l'on croit que cette supériorité dépende du degré d'instruction des maîtres : il n'en est rien. Le meilleur maître n'est pas celui qui sait davantage, mais celui qui sait forcer ses disciples à apprendre d'eux-mêmes ce que la nature leur permet de savoir : et certes il est étrange que, dans *le siècle des lumières*, dans le siècle où il y a le plus de gens armés contre la société et contre eux-mêmes, de demi-connoissances et de demi-talens, on s'imagine qu'il faille toute la puissance du Gouvernement, pour trouver quelques hommes en état d'enseigner à des enfans les élémens des mathématiques, et de leur apprendre à décliner *musa*.

Dans tous les cas, la supériorité relative de l'enseignement ne crée pas un droit exclusif en faveur de ceux qui enseignent, ou de ceux au nom de qui ils enseignent; et moins encore, lorsque cet enseignement est payé, et payé fort cher. Le père est seul juge de l'instruction qui convient, ou qui suffit à son fils, seul juge des sacrifices qu'il peut faire pour lui procurer cette instruction. Que l'Education soit libre, nul ne sera exclus de ses avantages; il y aura des écoles pour toutes les fortunes, et des écoles gratuites pour le pauvre, à moins que la Religion ne s'éteigne totalement parmi nous. Mais s'obstiner à mettre l'Education en régie, et en fixer le prix par un tarif; dire aux familles: « Vos enfans viendront » dans nos écoles, ou toute école leur sera fermée », c'est désespérer les familles, c'est frapper au cœur la liberté, l'équité naturelle, et violer, si on peut le dire, les âmes même.

Encore n'ai-je parlé jusqu'ici que de la simple instruction. Que sera-ce, si l'on vient à considérer que les plus hauts intérêts de l'homme, la Religion, les mœurs dépendent entièrement de l'Education?

Or, le Gouvernement a-t-il droit de se mettre, sous ce rapport, à la place du père? A-t-il droit de donner à l'enfant la religion qu'il veut, la morale qu'il veut? A-t-il droit de l'exposer à n'en avoir aucune? A-t-il droit de décider ces grandes questions pour chaque famille? Oui sans doute, s'il a droit de se réserver le privilège exclusif de l'Education, car c'en est une suite nécessaire. Mais alors il faut dire que la Religion, les mœurs, que la croyance de Dieu même est soumise à la volonté du Gouvernement. Le bon sens frémit, mais la conscience frémit bien davantage.

Observez en outre que le Gouvernement ne peut se substituer au père, envahir ses droits, sans être chargé de ses devoirs. Dès-lors, toutes les familles étant égales à ses yeux, il doit également l'Education à tous les enfans, et à tous une égale Education : autrement il est injuste envers ceux qu'il prive de ce bienfait; il ne fonde pas une institution, il fait une spéculation; il vend aux riches, avec privilège, les connoissances, la morale, la Religion; il établit la noblesse monstrueuse de l'or.

Je cherche des raisons pour les peser, je ne trouve pas même de prétextes. A quel titre le Gouvernement seroit-il maître absolu de l'Education? Seroit-ce comme législateur? Mais qui jamais imagina de régler par des lois ce qu'on doit croire et ce qu'on doit savoir? Seroit-ce comme administrateur? Mais entendit-on jamais parler d'administrer les croyances et la morale, d'administrer l'étude du grec et du latin, d'administrer l'éloquence et même l'alphabet? Le ridicule saute aux yeux. Les croyances et la morale sont du domaine de la Religion ; le reste est du domaine individuel. Le droit du Gouvernement se borne à conseiller, à diriger, à offrir à tous sans contrainte les moyens d'instruction, à surveiller les établissemens libres, à les supprimer même s'ils sont dangereux pour l'État, pour les bonnes mœurs, ou s'ils servent à propager des doctrines funestes à la société. Tous les droits qu'il s'arroge de plus sont une usurpation de la puissance paternelle.

L'Education est un des premiers besoins des peuples, et c'est à cause de cela même qu'elle doit être libre comme les subsistances. Si l'on vouloit nourrir administrativement une nation, en dépit des plus belles théories, elle mourroit de faim. Que le Gouvernement empêche qu'on vende des poisons au lieu d'alimens, qu'il surveille les marchés, qu'il y maintienne une bonne police, qu'il établisse même, si cela se peut, des greniers d'abondance ; tout cela est de son ressort, et même de son devoir. Mais s'il va plus loin, s'il entreprend de fournir seul de pain un peuple entier, au lieu de montrer sa sollicitude, il ne prouvera que sa rapacité, ou son ineptie.

Considérons maintenant les conséquences du

régime prohibitif appliqué à l'Education. Il met entre les mains du Gouvernement, ou de quelques agens secondaires, les doctrines, les mœurs, tous les appuis de l'ordre social. Quelques hommes, que dis-je? un seul homme, selon les circonstances, pourra faire partager à une génération entière ses préjugés, ses erreurs, ses opinions, ses passions? On en a eu, sous Buonaparte, un exemple assez frappant, et ce n'est certainement pas calomnier ses écoles, que de dire qu'il y régnoit, avec je ne sais quelle fureur militaire, un effrayant esprit d'impiété, et une immoralité profonde. Rien de tout cela n'existe plus, je le veux; mais, l'Education restant exclusive, tout cela pourroit de nouveau exister demain, si demain il se trouvoit à la tête de l'Education publique, ou à la tête de l'Etat, un homme de même caractère; l'enfance et la jeunesse seroient, une seconde fois, complètement asservies à ses vues et à ses caprices. Or, à moins qu'on ne regarde la société elle-même comme un caprice du moment, il y a plus que de l'imprévoyance, plus que de la folie, à faire dépendre tout l'ordre social de la volonté d'un homme, ou de quelques hommes.

J'ajoute que rien n'est plus opposé aux vrais intérêts du Gouvernement, car l'intérêt du Gouvernement n'est jamais d'opprimer; son intérêt n'est jamais de blesser la puissance paternelle, dont la sienne n'est qu'une extension; son intérêt n'est jamais d'aigrir, de tourmenter les familles, d'inquiéter leur tendresse, d'alarmer leur conscience, par une gêne de tous les instans; son intérêt n'est jamais d'instituer, au milieu de l'Etat, un vaste moyen de révolution.

On a cru bien défendre l'Université impériale, en disant qu'elle a contribué à renverser Buonaparte. Mais si elle a pu avoir une si énorme influence, si elle a pu détruire celui qui l'avoit fondée, si elle a pu tromper son active surveillance; si même elle a pu rompre tous les liens qui devoient naturellement l'attacher à l'homme par qui seul elle existoit; quel Gouvernement ne tremblera devant une pareille institution ?

Que si l'on m'objecte que la plupart des inconvéniens dont je parle, sont nuls de fait aujourd'hui; je répondrai que c'est pour cela même qu'il faut les prévoir, afin de les prévenir. Si ces inconvéniens existoient, qui oseroit, qui pourroit les signaler ? Nous savons assez, je pense, qu'il y a des Gouvernemens sous lesquels on ne peut que se taire et souffrir; et c'est pour cela, je le répète, qu'il faut dire la vérité, lorsqu'on a le bonheur de vivre sous un Prince digne de l'entendre.

FIN.

DE L'IMPRIMERIE DE LEBLANC.

www.ingramcontent.com/pod-product-compliance
Lightning Source LLC
LaVergne TN
LVHW010335230826
846091LV00009B/3883

* 9 7 8 2 0 1 9 2 8 0 9 2 5 *